短詩型・格はいく集③

『神は詩《うた》う』

大川隆法
Ryuho Okawa

まえがき

短詩型・格はいく集③『神《かみ》は詩《うた》う』がなんとか完成した。「五・七・五」の俳句にも非《あら》ず、「五・七・五・七・七」の短歌にも非ず。自由律の短詩型で、その時に、思ったことを言い切る。その言葉に何らかの韻律《いんりつ》がなければならない。

風景描写などは、ふんだんではないが、心の内は、様々に描かれている。

行事の前後や、霊的環境の秘密、心境が明らかになっている点で、第1集『魔境の中の光』、第2集『一念三千書を超える』に続く作品となっている。様々な本や説法の前後の事情を知るには、この格はいく集が一番であろう。

二〇二三年　一月三十日

幸福《こうふく》の科学《かがく》グループ創始者兼総裁《そうししゃけんそうさい》　大川隆法《おおかわりゅうほう》

短詩型・格はいく集③『神は詩う』　目次

短詩型・格はいく集③『神《かみ》は詩《うた》う』

①

宮沢賢治《みやざわけんじ》の『銀河鉄道《ぎんがてつどう》の夜《よる》』霊界《れいかい》と宇宙《うちゅう》を経巡《へめぐ》りぬ

☆古いアニメ映画だ。しかし、宇宙を鉄道でゆくのが創造性か。文部省（当時）特選。我も霊界と宇宙を探究するが…。

2022・6・20

②

凡人《ぼんじん》が　峠《とうげ》を越《こ》えて　荒野《あらの》をゆく

☆「一日一生《いちにちいっしょう》」がポイントかな。約七十年経《た》って、父の「格《かく》はいく」を復活させる。一歩一歩を大切に。

2022・6・20

③

ティファニー・ブルーの空《そら》に　鍵《キー》を差《さ》し込《こ》めば未来《みらい》が開《ひら》ける

☆我にはコロナ・パンデミックも、ウクライナ戦争も怖れなし。自分の言葉が未来を開くと信じ続ける。

２０２２・６・20

④

トム・クルーズ　千回《せんかい》パラシュート降下訓練《こうかくんれん》　平凡《へいぼん》の極《きわ》みこそ天才《てんさい》

☆映画『ミッションインポッシブル』の二〇一八年版。パラシュート訓練千回、ヘリコプター操縦千五百時間とか。「観客は嘘を見破る」が彼の信条とか。

2022・6・22

⑤

わが家《や》の梅《うめ》　梅酒《うめしゅ》に化《ば》けて甘《あま》からず

☆津田梅子《つだうめこ》は、現代ならどんな娘《こ》か。自己中《じこちゅう》はダメ。

2022・6・22

⑥

参《さん》院《いん》選《せん》走《はし》る　我《われ》は鎌《かま》倉《くら》の大《だい》仏《ぶつ》の如《ご》し

☆座して祈るのみ。

2022・6・23

⑦
かつて財務官《ざいむかん》なりし　吾《わ》が友《とも》　長々《ながなが》と夢枕《ゆめまくら》に立《た》つ　円安《えんやす》だけでは
あるまい

☆大学時代の友人たちとも、何十年も会ってない。
我、サイの角《つの》の如く、独り歩み続ける。

2022・6・23

⑧

『六月《ろくがつ》のカブトムシ』の歌《うた》　早《はや》すぎた予言者《よげんしゃ》の如《ごと》し

☆参院選で「幸福実現党」立党十三年。言っていることはずっと正しく先見性《せんけんせい》があった。マスコミには政変《せいへん》にしか見えぬか。

2022・6・24

⑨

読《よ》めもせぬ大量《たいりょう》の本《ほん》　積《つ》み込《こ》んで
明日《あす》より　山籠《やまごも》り

☆あと五十年は寿命がないと読み切れぬ。

2022・6・24

⑩

猛暑日《もうしょび》に　一万歩《いちまんぽ》を超《こ》える　強《つよ》くありたい

☆弟子達《でしたち》は、全く追いついて来ない。ただ一人にても世界《せかい》伝道《でんどう》を。日本は、学問が遅れすぎている。

2022・6・24

⑪

格《かく》はいく集《しゅう》②『一念三千書《いちねんさんぜんしょ》を超《こ》える』校了《こうりょう》す

夢《ゆめ》と妻《つま》の話多《はなしおお》し

☆コロナ、プラス、小説5巻がきつかったかな。

2022・6・24

（軽井沢入り）

⑫ ジョン・レノンと　しばし語《かた》らう　離《り》山《ざん》房《ぼう》

☆生前のジョンがよく来ていたカフェでブルーベリージュースを飲む。

２０２２・６・27

⑬「こぐま座《ざ》アンダルシア・ベーター」という声《こえ》で目覚《めざ》める
夏合宿《なつがっしゅく》

☆小説『十字架の女』③に出てくる修行星。

2022・6・27

⑭

「六月《ろくがつ》の大《おお》クワガタ」も採集《さいしゅう》せり　新《あたら》しい歌《うた》　要《い》るかな

☆「六月のカブトムシ」の歌は完成した。

2022・6・27

⑮

前髪《まえがみ》を多《おお》く残《のこ》して理髪《りはつ》をす　若返《わかがえ》る

☆7／7の御生誕祭近し。かなり日焼《ひや》けした。

2022・7・5

⑯

格《かく》はいく第二集発刊《だいにしゅうはっかん》す　面白《おもしろ》きかな

☆妻や直樹さん、孫たちの姿、面白がる。

2022・7・5

（東京）

⑰ 明日《あす》は御生誕祭説法《ごせいたんさいせっぽう》という夜《よる》　ＳＦホラーの古典《こてん》を観《み》る

☆『遊星《ゆうせい》からの物体Ｘ』という古典的ホラー何度目かになる。明日は、『甘い人生観の打破』が演題。恐がらせるか。

２０２２・７・６

⑱

御生誕祭《ごせいたんさい》終《お》えて　朝《あさ》の眠《ねむ》りの　ここち良《よ》さ

☆昨日、7／7さいたまスーパーアリーナで一万八千五百人集まる。全体にはまずまず。

2022・7・8

⑲ 大講演会《だいこうえんかい》すれば　必《かなら》ず太《ふと》る我《われ》なり　省《しょう》エネ体質《たいしつ》か

☆エネルギーを使っているはずなのに、食べて飲んだだけ太る。カロリー消費ゼロか？

２０２２・７・８

⑳

元首相《もとしゅしょう》　暗殺《あんさつ》狙《ねら》わる　「戦争《せんそう》」は難《むずか》しい

☆最長政権の元首相、参院選街宣で撃たれる。「国防」と「戦争屋」の違いは難しいか。

2022・7・8

㉑ ナタリー・ポートマンの『マイティ・ソー』を観《み》る
去年《きょねん》の『地球万華鏡《ちきゅうまんげきょう》』の夢《ゆめ》の如《ごと》し

☆ナタリー・ポートマンがマイティ・ソー役をやった映画が本日公開。御生誕祭翌日なるも朝から出かける。

2022・7・8

㉒

『十年目《じゅうねんめ》の君《きみ》・十年目《じゅうねんめ》の恋《こい》』完成《かんせい》す　まだ老《お》いていない

☆君シリーズ楽曲四曲目。大澤美也子さんの歌声、美しい。よかった。

２０２２・７・９

㉓

参院選終《さんいんせんお》わりて　教祖《きょうそ》『劇団《げきだん》ひとり』なるを知《し》る

☆一回休んで幸福実現党参院選に出るも、惨敗。政策が政権の正反対だったこともあるが、信者他党にも入れている。難しいな。

2022・7・12

㉔

銃声一発《じゅうせいいいっぱつ》　太平《たいへい》の世《よ》をくつがえす

☆いつまで経っても、新聞、ニュース、週刊誌は、安倍元総理暗殺のニュースと、関係のあった韓国産新宗教のバッシング。新聞を減らし、テレビのニュースをみない。

２０２２・７・22

㉕

閻魔大王《えんまだいおう》来《き》たりて「地獄《じごく》の法《ほう》」を説《と》く　我《わ》が事業《じぎょう》甘《あま》く
完成《かんせい》せざるか

☆ほとんど人間失格の人だらけ。厳しい法が十分に説けなかったか。残念である。もう若くはない。

２０２２・７・25

㉖

働《はた》らけど働《はた》らけど　わがお腹《なか》引《ひ》っこまず
じっと鏡《かがみ》を観《み》る

☆顔だけげっそりくるのに、お腹はパンパン。
バランスよくやせたり太ったりしないものだ。

2022・7・26

㉗

創作《そうさく》の厳《きび》しさに耐《た》え　蟻地獄《ありじごく》　抜《ぬ》けんとす

☆小説を書くのは大変だな。まるで蟻地獄。大きなハサミをチラつかせて弟子たちが底で待っている。

２０２２・７・27

㉘
中村元《なかむらはじめ》　仏陀《ぶっだ》になりたがり　ニーチェ　ゾロアスターになりたがる　文献学者《ぶんけんがくしゃ》は「ガラクタ地獄《じごく》」の底《そこ》にいる

☆困ったもんですな。地味な文献学者は、発狂してアベンジャーズになりたがる。

２０２２・７・27

㉙

雨《あめ》の軽井沢《かるいざわ》　梅雨明《つゆあ》けに　白《しろ》きアジサイ
咲《さ》き　不思議《ふしぎ》なり

☆六月に猛暑で、七月末は小雨続く。
季節感が狂う。

２０２２・７・27

㉚

老《お》いる哀《かな》しさ　心《こころ》はいつも二十歳《はたち》の葛藤《かっとう》　我《われ》　超人《ちょうじん》に非《あら》ず

☆心はいつも青春。しかし女性がただの「人間」に見えてくる。いつのまにか66歳。本当に悔しい。今死んでも満足といえるか。

2022・7・27

㉛ ニーチェの「ツァラツストラ」がマスコミとヒトラーを生《う》んだ
どちらも無神論《むしんろん》なのに「神《かみ》」になりたがる

☆現代の潮流《ちょうりゅう》を何とかして正せるか。
マスコミ民主主義も地獄、独裁者も地獄。神を否定する
悪魔信仰に他ならず。

2022・7・27

㉜

「ツァラツストラ」初版《しょはん》自費《じひ》出版《しゅっぱん》で四十部《よんじゅうぶ》とか
これが「無神論《むしんろん》」の出発点《しゅっぱつてん》なら奮起《ふんき》せよ

☆普遍的なものは広がると信ぜよ。「有神論」も広がるはずだ。

2022・7・27

㉝

安倍《あべ》元首相《もとしゅしょう》の国葬関心《こくそうかんしん》なし　邪教《じゃきょう》を盛《も》り立《た》て
正《ただ》しい宗教《しゅうきょう》を黙殺《もくさつ》した　時間《じかん》よ飛《と》び去《さ》れ

☆安倍氏暗殺で国揺れる。信仰心のない「保守《ほしゅ》」悩乱《のうらん》す。

2022・7・27

㉞

コロナ感染《かんせん》一日《いちにち》二十万人《にじゅうまんにん》に達《たっ》す　今《いま》は新聞《しんぶん》に小《ちい》さく載《の》るのはなぜ？

☆かつては少人数でも大騒ぎ。今はできるだけ黙殺へ。政権が買収か。それとも、「ワクチン効かぬ。」と言われたくないか。

2022・7・27

㉟

善悪《ぜんあく》なしの超人《ちょうじん》などなしと　ゾロアスター霊《れい》のたまう

☆ニーチェが無神論、超人論を吹き込んでくるので、ゾロアスターに人の道の原点を語ってもらう。

2022・7・28

㊱

サマンサ・ミーア・ケルドーなる人現《ひとあら》われて
朝《あさ》までインドのイノベーション説《と》く

☆たしか宇宙人の一人。夢の中で私はインド人。商習慣、生活習慣、社会の合理化を夢の中で次々と我に説く。Ｋ温泉なり。

２０２２・８・５

㊲

中国《ちゅうごく》　台湾沖《たいわんおき》にミサイル　救《すく》ってあげられなくて
ゴメン

☆予測通りの展開。無力に泣く。
岸田首相守護霊、夜中に助けてくれと嘆願。

2022・8・5

㊳

西《さい》の河原《かわら》に　石積《いしつ》まれたり　地蔵《じぞう》ほほえむ

☆草津の西の河原のあちこちに石が積まれている。
地蔵一体で救い切れるか。

2022・8・6

㊴『地獄《じごく》の法《ほう》』の説法《せっぽう》終《お》わる　虚脱《きょだつ》せり

☆第５章「救世主からのメッセージ」で終了。サマンサ・ミーア・ケルドーは、中国の陰の宇宙人。邪魔に来る。草津赤鬼追い払う。

２０２２・８・６

㊵
父《ちち》の二十回忌《にじゅっかいき》　ひまわりと岩魚《いわな》をそなえたり

☆ひまわりが好きだった父。歳月は矢の如しだ。今年は直樹さんと隆一君が、一番好きな岩魚をそなえてくれた。

２０２２・８・12

㊶

『永遠《えいえん》の京都《きょうと》』書《か》き終《お》え　中華《ちゅうか》を食《た》べる　打《う》ち上《あ》げ淋《さび》し

☆ジョン・レノンの愛した店に二回目。今は飽食して苦しいだけ。

2022・8・19

㊷

ヘラクレス大《おお》カブト　ズシリと居《い》たり
大悟《たいご》の如《ごと》し

☆世界最大級を入手。動かず、つのだけは長い。

2022・8・20

㊸

ダイヤモンドダストを削《けず》り出《だ》す機《き》械《かい》の夢《ゆめ》
前《ぜん》衛《えい》音《おん》楽《がく》流《なが》れる夢《ゆめ》

2022・9・8

㊹

小説《しょうせつ》『内面《ないめん》への道《みち》』脱稿《だっこう》　鼻血二筋《はなぢふたすじ》　流血事件《りゅうけつじけん》で一家騒《いっかさわ》ぐ

☆十一日目で脱稿、初めての鼻血出る。ひたすら冷やす。
頭に血が昇ったか。

2022・9・13

（京都旅行）

㊺『永遠《えいえん》の京都《きょうと》』のあとたどる　下宿先《げしゅくさき》　マンションとなり存《そん》す

2022・10・13

㊻

「竜馬《りょうま》」も食《た》べた鳥鍋《とりなべ》　二百年《にひゃくねん》の味《あじ》　遥《はる》かなり

☆創業二三四年とか。鳥ガラ三日煮込みは、やや過ぎたり。

２０２２・10・13

㊼

『揺《ゆ》らぎ』完成《かんせい》のごほうび　さがのの茶屋《ちゃや》　妻若《つまわか》く美《うつく》しいとほめられる

☆最新のＳＦホラー小説。今年は小説十冊目。ただ、休み。

２０２２・10・13

㊽

ヘッセしか読《よ》めず　ヘッセの小説《しょうせつ》は詩《し》であった

２０２２・10・13

㊾

鴨川《かもがわ》で　サギ　餌《えさ》を取《と》る　瀬《せ》の早《はや》さ

☆桜《さくら》はない。紅葉《もみじ》には少し早い。

2022・10・13

㊿

直指庵《じきしあん》　コロナで閉鎖《へいさ》二年《にねん》　会員《かいいん》に悪《わる》し

2022・10・13

㊿51 洞庭湖《どうていこ》に似《に》せたりという大沢池《おおさわのいけ》

2022・10・13

㊿52

一万歩《いちまんぽ》歩《ある》いて　無念無想《むねんむそう》なり

2022・10・13

㊾

詩仙堂《しせんどう》　思《おも》いしよりも　庭美《にわうつく》しきかな

2022・10・13

㊹

京都《きょうと》駿台《すんだい》のぞく　百年《ひゃくねん》の歴史《れきし》　知《し》る人《ひと》もおらず

2022・10・13

㊺

金木犀《きんもくせい》　今年《ことし》も二度咲《にどざ》き　香《かお》りたり

2022・10・20

56

一世代過《ひとせだいす》ぎ　西荻《にしおぎ》の街《まち》　迷《まよ》いたり

☆教団発生の地、今は、アニメ事務所と支部のみ。
町はきれいになった。

2022・10・20

⑰

筋肉《きんにく》は付《つ》いたが太《ふと》る　秋苦《あきくる》し

☆やはり断食《だんじき》しかないか。

2022・10・20

⑸⑻

若《わか》さとは　言葉《ことば》の軽《かる》さか　戻《もど》らない人生《じんせい》

☆その言葉が実現したら、自分と相手の未来はどうなるのか。
無明《むみょう》こそ若さか。

２０２２・10・20

㊿

「鈍《にぶ》さこそ力《ちから》」　長女《ちょうじょ》の守護霊《しゅごれい》のたまえり

☆なるほど、なるほど。

2022・10・22

⑹

東大新聞《とうだいしんぶん》の記者《きしゃ》になる夢《ゆめ》
「神様《かみさま》」という人《ひと》に　あいさつに行《ゆ》く

☆タイム・トラベラー宇高美佐の手記を書いているせいか。

2022・10・31

㉑

妻《つま》　三億年《さんおくねん》を　支配《しはい》せんとし「とっちめられる」

☆小説『とっちめてやらなくちゃ』―タイム・トラベラー「宇高美佐の手記」―完成。嫉妬にご用心。

2022・11・6

㊷

日本神道《にほんしんとう》の神《かみ》に修行《しゅぎょう》なし　憂《うれ》うべし

☆うぬぼれは地獄のパワーを増やす。

２０２２・11・17

⑥3

生誕館行事迫《せいたんかんぎょうじせま》る　三十六年《さんじゅうろくねん》　説法《せっぽう》を続《つづ》ける

☆三十年前のビデオも支部でかかっている。
終着点はまだ見えず。

２０２２・11・17

㊹

来年《らいねん》の「地獄《じごく》の法《ほう》」 吉《きち》か凶《きょう》か 我《われ》 関心《かんしん》なく

☆世界は良くなっているのか。80億人を超えた。漂流《ひょうりゅう》は続くのか。

2022・11・17

⑥⑤

芸能系《げいのうけい》　出家修行者《しゅっけしゅぎょうしゃ》にほど遠《とお》し

☆真理を広めんがための仕事が、自己実現に終わる。

２０２２・11・19

㊻

インクルード星《せい》UFO　明日《あす》の講演《こうえん》の厳《きび》しさ
予言《よげん》する

☆メタトロン、危機の予言する。生誕館にて。

2022・11・19

（徳島旅行後）

⑹ もの言《い》えば唇寒《くちびるさむ》し　冬《ふゆ》の入《い》り

２０２２・11・24

⑥⑧

太龍寺《たいりゅうじ》　弘法大師像《こうぼうだいしぞう》　一人坐《ひとりすわ》る

☆徳島県阿南市、西の高野山、大きなロープウェイ。

2022・11・24

⑥⑨

立江寺《たつえじ》　虚空蔵《こくうぞう》の知恵《ちえ》　いまだ見《み》えず

2022・11・24

⑳

初転法輪祭《しょてんぼうりんさい》　最後《さいご》の言葉《ことば》は　未《いま》だ思《おも》わず

2022・11・24

⑺

母《はは》の家《いえ》で　大根《だいこん》を抜《ぬ》く　白《しろ》さに泣《な》く

☆説法帰り。

2022・11・24

㉒

直美《なおみ》の声《こえ》　大《おお》きさだけが補聴器代《ほちょうきが》わり

2022・11・24

⑺③

白菜《はくさい》が体《からだ》の半分《はんぶん》　隆一《りゅういち》の笑顔《えがお》

☆菜園にて。

2022・11・24

⑺

K女《けいじょ》の遺伝子《いでんし》いと強《つよ》し　劣勢《れっせい》遺伝子《いでんし》ちぢこまる

☆なぜみんな、私に似てないのかねえ。

2022・11・24

⑮

白黒《しろくろ》の牛《うし》のぬいぐるみ　小《ちい》さかりけり

☆勤労感謝の日にプレゼント・・・私は良き牛ゴウタマなりし。

２０２２・11・24

⑯

煩悩《ぼんのう》に苦《くる》しむ朝《あさ》の夢《ゆめ》　竹《たけ》だけたべて生《い》きられないか

☆パンダがうらやましいなあ。妻は、ギョーザとチヂミを食べたがっている。

２０２２・11・25

⑺

体重《からだおも》く　恵比寿《えびす》からの道遠《みちとお》し　立《た》て直《なお》せるか

☆11／20の徳島生誕館での初転法輪祭のあと、ロープウェイのある山に二度登った。四国お遍路さんと一緒になった。12／6は、さいたまスーパーアリーナでのエル祭だ。歩く力を取り戻さねば。

2022・11・25

⑺⑻

工務店《こうむてん》で働《はたら》いて　時給三百円也《じきゅうさんびゃくえんなり》を申《もう》しつかる夢《ゆめ》を見《み》る

☆体力の劣化を反省か。

2022・11・26

⑲

昔《むかし》の幹部《かんぶ》夢《ゆめ》に出《で》る　我《われ》健在《けんざい》なるが不思議《ふしぎ》か

☆最近の本の影響か。美佐の信仰心に反省しているのか。

２０２２・11・26

㉘

また夢《ゆめ》の中《なか》 「自慢《じまん》」を反省《はんせい》する自分《じぶん》を観《み》る

☆昨日は六根煩悩の反省。今日は、「自慢の心」を反省する。

2022・11・26

㉛

ハンナ・アレント夢《ゆめ》に出《で》る　同《おな》じ大学生《だいがくせい》であった

☆女性哲学者、ハンナ・アレントとアメリカの同じ大学で同級生で学ぶ夢三度。なぜか私の方が成績が良かった。

２０２２・11・29

㉜

コロナの秋終《あきお》わり　銀杏並木《いちょうなみき》を見逃《みのが》したり

☆今年の秋はなぜかプラチナ通りも散歩できなかった。コロナの秋は宗教の秋でもあったか。

2022・11・30

⑧③

朝《あさ》、文春《ぶんしゅん》の夢《ゆめ》を見《み》る　もう用《よう》もない　生霊《いきりょう》たち

☆もう読みもしない週刊誌。いずれ滅びの秋来たる。

2022・11・30

㊹

今年《ことし》は痰《たん》がよく出《で》る　自分流《じぶんりゅう》　コロナ排斥運動《はいせきうんどう》

☆どうやら私はコロナ菌を殺して痰《たん》として出しているらしい。

２０２２・11・30

⑧⑤

政府《せいふ》　米《べい》ミサイルを　五年後《ごねんご》に五百発《ごひゃっぱつ》買《か》うと発表《はっぴょう》

それまで役所仕事《やくしょしごと》があればよいね

☆五年後のトマホーク、役立たずかも。

2022・11・30

㊱

生霊《いきりょう》　うずまく　説得《せっとく》できず　冬《ふゆ》に入《い》る

☆もう私には悪霊は来ないが、生霊ばかり。そんなに自分がかわいいか。そんなに偉くなりたいか。そんなに反省したくないか。自己愛人間ばかりだ。

２０２２・12・1

⑧⑦ 昼間《ひるま》二《に》キロ歩《ある》く　夜《よる》　箱根駅伝《はこねえきでん》二十一《にじゅういち》キロ走《はし》る夢《ゆめ》

☆エル・カンターレ祭近し。毎日筋肉痛。風邪用心《かぜようじん》。
孫①、②とも風邪を引く。

２０２２・12・3

⑱

『地獄《じごく》の法《ほう》』支部《しぶ》に着《つ》く　伝道《でんどう》し易《やす》い？　って本当《ほんとう》？

☆著者には分からないこともある。

2022・12・3

㊾89

エル祭後《さいご》　妻《つま》　風邪菌大爆発《かぜきんだいばくはつ》　秘書《ひしょ》に分福《ぶんぷく》す

☆今年のエル祭は統一教会問題で状勢が大変だった。和歌山の信者さんのミカン二箱、義父より来たる。特にうまく感じた。総裁は、妻の風邪《かぜ》にビクともせず、説法を終えた。こんな時にも大講演会が普通通り二万人でできた「さいたまスーパーアリーナ」に感謝。マスコミも百人参加。秘書に風邪は移らなかったそうな。妻は、ずいぶん念力を使ったんだろうね。先にかかった孫も交代でダウン。

2022・12・8

⑳

エル祭後《さいご》　九十歳《きゅうじゅっさい》の先生《せんせい》が楽《たの》しみだと　妻《つま》のいう

☆まるで大山雄法老師のようだったそうな。『揺らぎ』参考。

2022・12・8

⑼1

来年《らいねん》の映画《えいが》と　広報戦略《こうほうせんりゃく》に　頭《あたま》を痛《いた》める

☆ハ・リ・リを何本《なんぼん》か後頭部に打《う》ってもらった。

2022・12・8

㉒

今年《ことし》の小説《しょうせつ》少《すこ》しは波及《はきゅう》するか
タイム・トラベルの疲《つか》れ出《で》る

☆六十六《ろくじゅうろく》の手習《てなら》いか。

2022・12・8

㊈3

メタトロン　夜空《よぞら》に現《あら》わる　再《ふたた》び核戦争《かくせんそう》の危機《きき》伝《つた》う

☆12／6のエル・カンターレ祭で言い切れなかったこと。核戦争の危機。一、二国滅亡の危機。日本も危機。バイデンの残り二年危険。

2022・12・8

⑭

わが教《おし》え及《およ》ばず　冬《ふゆ》の月《つき》　微《び》笑《しょう》する

☆救世主の孤独は変わらず、真冬へ。

2022・12・8

⑲95

夜中《よなか》に竹光《たけみつ》でチャンバラの夢《ゆめ》　一人《ひとり》で三人《さんにん》を相手《あいて》す

☆最近、剣術の戦いの夢多し。世相反映か。

2022・12・9

⑯

沖縄《おきなわ》に　巨大陣地《きょだいじんち》築《きず》く夢《ゆめ》　危機《きき》迫《せま》るか

☆なぜか三男が、スーツケースを開け、自分の準備の良さを自慢する。

２０２２・12・9

⑨⑦

新《あたら》しい小説《しょうせつ》書《か》き始《はじ》められず　印度《いんど》カレーのニンニクナンを食《た》べに出《で》る

☆わが家の風邪菌、全部吸い込んで、体内で殺菌す。便利な体だ。

2022・12・9

⑱

不完全燃焼《ふかんぜんねんしょう》の一日《いちにち》　反省《はんせい》を兼《か》ねて　英《えい》・伊《い》・独《どく》・仏《ふつ》・韓《かん》の勉強《べんきょう》す

☆今日の一日を完成しそこねた。反省にもならぬが、未来投資に一部まわす。

２０２２・12・9

⑲

木枯《こが》らしも吹《ふ》かず　今年《ことし》の銀杏《いちょう》散《ち》り果《は》てる

☆プラチナ通り、散歩もせぬうちに真冬となりぬ。

2022・12・9

⑩⑩

実家《じっか》なき子等《こら》の生霊《いきりょう》　さ迷《まよ》えり

☆実家は教祖殿。帰る家はない。大人になったら一人立ちしてゆけ。結婚したくば、いい仕事をせよ。

２０２２・12・10

⑽

記《き》憶《おく》の中《なか》に　富《とみ》がある　すごい

☆十一年前に私に時計を売ったことを憶《おぼ》えている女性あり。
すごい記憶力だ。

２０２２・12・14

⑩②

『人生《じんせい》への言葉《ことば》』編《あ》む　悲《かな》しみの言葉《ことば》が　誰《だれ》かの
幸福《こうふく》になれば

☆宗教家とは悲しみを幸福に変える職業だ。

2022・12・14

⑩③

エル祭《さい》に来《き》た人《ひと》と会《あ》う　私《わたし》の雑談《ざつだん》をほめてくれた
少《すこ》しうれしい

☆眠れずに夜中にサッカーを観た話。各国の会員を思って
いる話につなげた点をほめてくれた。

２０２２・12・14

⑽

百貨店《ひゃっかてん》のポイント貯《たま》って　妻《つま》に小《ちい》さなバッグ買《か》う
「大川様《おおかわさま》はポイントがお好《す》きだそうで。」と言《い》われて我恥《われは》じらう

☆妻が「ポイントが貯まるのが好きなのは私です。」と助け舟。

２０２２・12・14

⑮105

息子《むすこ》敗訴《はいそ》の報《ほう》　銀杏《いちょう》散《ち》り　プラタナス散《ち》る

☆悲しい34年であった。君には失うものはなにもないのに。
「名誉」とは、まっとうに生きた人の主張することだ。

2022・12・15

⑯

子供二人《こどもふたり》で　娘《むすめ》は母《はは》となり　歌姫《うたひめ》の夢《ゆめ》　遠《とお》ざかる

☆昔、大阪城ホールで一万人の講演会をしていた。父は、二人の子を連れていっていた。父の気持ちが少しは分かるか。

２０２２・12・15

⑰

妻《つま》の十年《じゅうねん》重《おも》かったか　夫《おっと》も「地獄《じごく》の法《ほう》」の地雷原《じらいげん》を進《すす》む

☆第八波コロナ広がり始める。予言通りなるも、未来は明るくない。

２０２２・12・15

⑽

妻《つま》　高三《こうさん》で駿台模試《すんだいもし》国語《こくご》全国一位《ぜんこくいちい》　進研模試《しんけんもし》数Ⅱ《すうに》全国一位《ぜんこくいちい》の
成績《せいせき》出《で》てくる　十年目《じゅうねんめ》にして出《で》てくる謙虚《けんきょ》さよ

☆脇町《わきまち》高校の総代《そうだい》は、全国一位、全県一位、全校一位がごろごろ出てくる。女子では徳島県の一番か二番だったろう。三十年若かったら、「高嶺《たかね》の花」とあこがれていたことだろう。もっと尊敬してあげられなくてごめんね。

2022・12・16

⑲

四面楚歌《しめんそか》　我《われ》　法名《ほうみょう》を「飯屋《めしや》の小盛《こもり》」と変《か》えんと妄想《もうそう》す

☆年齢を重ねて、ますます凡人化することを感じる。

２０２２・12・18

⑩

『地獄《じごく》の法《ほう》』の小説化《しょうせつか》　師走《しわす》に苦《くる》しむ

☆クリスマスも正月も祝いたい人だらけだろう。

2022・12・18

⑪

いま少《すこ》しだけ　孫《まご》のかわいい　師走《しわす》かな

☆もうすぐジジババより友達の方が大事になってくるだろう。

２０２２・12・18

⑫

『とっちめてやらなくちゃ』や『十年目《じゅうねんめ》の君《きみ》・十年目《じゅうねんめ》の恋《こい》』
信者《しんじゃ》に好評《こうひょう》　「ホッ」として明日《あす》を待《ま》つ

☆明日二〇二二・十二・十九が結婚十年目。命びろいかな。
2022・12・18

⑪③

韓国《かんこく》ドラマ『還魂《かんこん》Ⅱ《に》』まずまずの好《こう》スタート

どうしてこんなに恋愛《れんあい》ドラマがうまいのだろう

☆心霊ドラマとしても好評だ。創造性では、日本は負けている。

2022・12・18

⑭

心《こころ》　心《こころ》　こころ　ころころと　定《さだ》まらず

☆今日の課題でした。

2022・12・18

⑮

神戸《こうべ》牛鍋《ぎゅうなべ》　家族六人《かぞくろくにん》で囲《かこ》む　有難《ありがた》し

☆昨夜、久々に神戸の直樹さん実家からの肉でスキヤキを囲む。

2022・12・20

⑪⑥

宇宙《うちゅう》の四大《よんだい》メシア続々《ぞくぞく》と歌降《うたお》ろす
これも奇蹟《きせき》かな

☆御祖神《みおやがみ》、メタトロン、R・A・ゴール、ヤイドロンの作詞・作曲できる。

２０２２・12・20

⑪⑦

ギョーザ、ラーメン　恵比寿《えびす》で食《しょく》す　妻《つま》と大学生気分《だいがくせいきぶん》

☆外でギョーザとラーメンを食べるのは、何十年ぶりか。
クリスマス・イブの前でした。

２０２２・12・23

⑪⑧

庭《にわ》に紅葉《もみじ》降《ふ》り敷《し》く　池《いけ》にも浮《う》きたり

☆こんなところにも小さな京都があった。生誕館と那須精《しょう》舎《じゃ》に届けるつもりの子鯉も元気だ。

2022・12・23

⑲

ゼレンスキーとプーチンの守護霊《しゅごれい》　来《き》たる
ここは日本《にほん》のホワイトハウスか

☆ゼレンスキー守護霊米議会の次に、日本の当会に来る。バランスをとるため、プーチン守護霊も呼ぶ。一手違えば世界戦争。

2022・12・23

⑫⓪

積雪《せきせつ》十《じゅっ》センチ　聖地《せいち》・川島《かわしま》　埋《う》もれたり

☆義兄からの写真来る。久々の雪景色だ。

2022・12・23

⑿1

パンダの着《き》ぐるみ服《ふく》で　孫二人《まごふたり》　廊下《ろうか》を走《はし》り来《く》る

クリスマスかな

☆咲也加の最大限のおわびか。隆一も、直美も、シャオシャオ、レイレイ(上野)みたいだった。

2022・12・24

⑫②

ジョン・レノン眼鏡《めがね》の店閉《みせと》じる
コロナ満三年《まんさんねん》の冬《ふゆ》なりき

☆ジョン・レノンの眼鏡を三本買った店も今年一杯。クリスマス・イブに三本目を買う。ジョンと私が、友だちだとは知るまい。

２０２２・12・24

⑫③

六十六《ろくじゅうろく》　まだ生《い》きている　半世紀前《はんせいきまえ》の詩《し》が　歌《うた》となる

☆高二で書いた「風車《かざぐるま》」という詩が歌となる。半世紀は長い。
私は何者なのだ。

2022・12・25

⑫④

原始人《げんしじん》なる我《われ》　機械《きかい》の再生《さいせい》　追《お》いつかず

☆昭和男には、平成と、令和はなきが如し。いやな時代だ。
CDがなぜ再生できないのか判らない。(故障でした。)

２０２２・12・25

⑫⑤

ピッチャーで四番《よばん》の夢見《ゆめみ》てまだ二日《ふつか》
年《とし》　未《いま》だ暮《く》れず

☆毎試合出なくてはならず、他のピッチャーも指導する。

2022・12・26

⑯

全語学《ぜんごがく》でスーパーコンピュータと語《ご》い数競《すうきそ》う　まだ若《わか》し

☆夢の一コマ。

2022・12・26

⑫⑦

「地獄和尚《じごくおしょう》　コンピュータ文明《ぶんめい》を破壊《はかい》せよ」と妻命《つまめい》ず

☆機械の不具合多し。

2022・12・26

⑫⑧

稚魚《ちぎょ》未《いま》だ　冬眠《とうみん》せず　孫《まご》たち　喜《よろこ》ぶ

☆水温が8℃以下だと餌を食べなくなるはずだが。

2022・12・26

⑫⑨

コロナに病《や》みし者《もの》たちよ　弱《よわ》みを作《つく》るな　憑依《ひょうい》の原理《げんり》は同《おな》じだ

☆コロナ第八波一日二十万人を超す日も。国民の1／3がかかったか。コロナ菌の憑依玉が移るようだ。心に隙を作るな。

2022・12・26

⑬⓪

戦《たたか》いに疲《つか》れて　地獄和尚《じごくおしょう》も　休《やす》ませねば

☆次から次へと地獄。この世の人には、もう地獄が判らなくなってきている。この世の人権に夢中だ。

2022・12・26

⑬①

映画《えいが》「キングダム」①②とも大作《たいさく》なり　中国《ちゅうごく》の覇権主義《はけんしゅぎ》に手《て》を貸《か》すか

☆単なる青春の夢と、狂人的覇権主義を見分ける知恵を。

2022・12・26

⑬②

カンフー・マスターのようなシルエット　年末《ねんまつ》の成果《せいか》誇《ほこ》るもの他《ほか》になし

☆体重が少し増えたが、何だかカンフー・マスターに似て来た。
夜中に私の姿を見た妻の感想。

２０２２・12・26

⑬3

新聞《しんぶん》・テレビ・週刊誌《しゅうかんし》暫《しば》し休《やす》む　芸術空間《げいじゅつくうかん》を創《つく》り出《だ》せ

☆久々に活字断ち、ニュース断ちをしている。邪悪な波動が多すぎる。

２０２２・12・26

⑬④

悔《くや》しくも「韓国《かんこく》ドラマ」にはまる「整形美人《せいけいびじん》さ」と　じっと妻《つま》の顔《かお》を見《み》る

☆妻は、一日のうち、化粧してくれることもある。違いがわからない。美人なのか、「鳴門金時《なるときんとき》」なのか。思考が停止する。

２０２２・12・26

⑬⑤ 聖書《せいしょ》の『創世記《そうせいき》』に『エル・カンターレの章《しょう》』を書《か》き加《くわ》える夢《ゆめ》を見《み》る

☆『地獄の法』に関係するのか。

2022・12・28

⑬⑥

地球《ちきゅう》に向《む》かう宇宙船《うちゅうせん》の中《なか》で　『宇宙創世記《うちゅうそうせいき》』を書《か》いている私《わたし》を見下《みお》ろす

☆なかなか、未来への力となる夢だった。

２０２２・12・28

⑬⑦

年末《ねんまつ》の俳句《はいく》も詠《よ》めず　年暮《としく》れる

☆「紅白」は観た。なじめない歌が多かった。
目指せ50周年。それで大御所だ。

2022・12・31

⑬⑧

愛《あい》して　憎《にく》まれて　年明《としあ》ける

☆解説はできない。宗教の修行は一生続く。

2023・1・1

⑬⑨

忘《わす》れていくということも　年《とし》の功《こう》なのだ

☆考えすぎず、持ち越すな。

2023・1・1

⑭

希望《きぼう》を語《かた》れず　逆境《ぎゃっきょう》の中《なか》を生《い》きる一歩《いっぽ》のみ語《かた》る

☆一語一語が遺書のような気もする。しかし、今日はもう新年だ。人は人、自分は自分だ。

2023・1・1

⑭1 ゼカリア・シッチン初夢《はつゆめ》に出《で》る　中世《ちゅうせい》のイタリア　インド　日本《にほん》のキリスト教伝道《きょうでんどう》を語《かた》る

☆宇宙からの飛行士が人類の起源とする人だ。なぜか初夢に出る。
中世にはキリスト教の伝道でもしていたのか。

２０２３・１・２

⑫

幹部《かんぶ》が秘書面接《ひしょめんせつ》している夢《ゆめ》　「仕事《しごと》ができる」とはを語《かた》る

☆学校の成績だけでは仕事ができないことをえんえんと・・・・ただし、経営幹部や専門職で出世するには勉強は必要である。要するに、人柄が良くて、押し上げてもらえるようでありながら、気配りをすることだ。

2023・1・2

⑭③

小説《しょうせつ》『地獄和尚《じごくおしょう》』昨夜完成《さくやかんせい》す　元旦《がんたん》に『地獄《じごく》』が満載《まんさい》とは

☆十一日目で完成。自分でご苦労様と言う。牛のぬいぐるみが集まる。ゴータマ・シッダールタを「牛良達吉《うしよしたつきち》」と訳したからか。

2023・1・2

⑭④

「紅白《こうはく》」孫《まご》たちと　見直《みなお》す　ダンスばかり　もう終《お》わったかな

☆韓国歌手と区別がつかない。歌詞がもはや詩ではない。
憂える。

2023・1・2

⑮

高校《こうこう》・中学《ちゅうがく》・大学《だいがく》の順《じゅん》で夢《ゆめ》を見《み》る　まだ学生時代《がくせいじだい》は続《つづ》く

☆正月三日。永遠の学生である私。「誰にも頼ろうとしないですね」と妻。

２０２３・１・３

⑯

七色《なないろ》のビー玉《だま》　甲板《かんぱん》で二度《にど》跳《は》ねて　海《うみ》に落《お》ちる
亡父《ぼうふ》だと　思《おも》った

☆朝の最後の夢。意味は不明なるも、虹色のビーダマが、今は亡き父であることは分かった。船のへりを越えて海に落ちて行った。

2023・1・4

⑭⑦

Vaundy《バウンディ》なる二十二歳《にじゅうにさい》の歌手《かしゅ》の守護霊《しゅごれいき》来たりて

「地獄和尚応援歌《じごくおしょうおうえんか》」を唄《うた》って帰《かえ》る

☆大みそかの「紅白歌合戦」で『怪獣《かいじゅう》の花唄《はなうた》』を歌った人。

急速な人気。近所に住んでいるのかも。

2023・1・4

⑱

風邪菌《かぜきん》・コロナ菌《きん》　侵入《しんにゅう》せんとするを撃退《げきたい》す

☆1／8の『地獄の法』講義。例年通り、種々の妨害あり。

2023・1・4

⑭⑨

一番幸福《いちばんこうふく》なりし時《とき》を訊《たず》ねられし我母《わがはは》
一番不幸《いちばんふこう》な時《とき》を答《こた》えたり

☆正月に母を訪ねし親族。母に「いつが一番幸福でしたか。」と問うと、母は、「兄が闘病していた時が一番つらかった。」と答えた。幸福な時など母にはなかったのかもしれない。いつも誰かの心配をして、「普通」である以上の「幸福」はなかったのだろう。

2023・1・8

⑮

新春《しんしゅん》セミナー　九十代現役《きゅうじゅうだいげんえき》を宣言《せんげん》
翌日《よくじつ》の筋肉痛《きんにくつう》は内緒《ないしょ》

☆『地獄の法』講義、厳しすぎてもいけないと、生涯現役を宣言す。身内の風邪一ヶ月にも耐え抜く。

2023・1・9

⑮1

韓国《かんこく》ドラマ『還魂《かんこんに》Ⅱ』終《お》わる　負《ま》けられない

☆良く考えられた面白いドラマだった。明日は当会の映画『二十歳《はたち》に還《かえ》りたい。』のラッシュ版上申。ドキドキする。

2023・1・9

⑮②

日本神道《にほんしんとう》の魂《たましい》　地獄《じごく》を知《し》らぬ人多《ひとおお》し　驚《おどろ》く

☆仏教が入らないと、地獄もなく、悪魔もいなかったのかも。
怨霊《おんりょう》はいるが、すぐに神社が建つ。

２０２３・１・11

⑮③

生産性《せいさんせい》のない一日《いちにち》　苦《くる》しみ　苦《くる》しみ　終《お》わる

☆今日は落第か。心なき一日であった。武士道論争、一年過ぎて終わらず。

２０２３・１・11

⑭

小説《しょうせつ》『地獄和尚《じごくおしょう》』対談《たいだん》　妻《つま》　十年《じゅうねん》の成長《せいちょう》の跡《あと》みせる

☆宗教家の妻ではなく、自身も宗教家に成長しつつある。指輪が、相変わらず、映らないようにしていたのは、自制心か、本能か。

2023・1・12

⑮⑤

月島《つきしま》で「もんじゃ」昼食《ちゅうしょく》
決裁《けっさい》のβ《ベータ》波《は》　すみだ川《がわ》　散歩《さんぽ》で晴《は》らす

☆理由は分からぬがムシャクシャする。コロナ巣ごもりか。自分の本が一万部とか三万部しか売れてない月例報告を知ると、意欲がなえてくる。本を書けば書くほど一冊の売れゆきは落ちてくる。社会主義計画経済のようだ。何をしたら、この壁を打ち破れるのか。私の最低限は億千万部だ。

2023・1・13

⑯

今年《ことし》が始動《しどう》する　くやしくも　くやしくも　粘《ねば》り抜《ぬ》く

☆どこか遠い所で誰かに笑われているようだ。ジリ貧なのに満足している弟子たちに叱る言葉もない。

２０２３・１・13

⑰157

Ado《アド》守護霊《しゅごれい》 来《き》たりて歌《うた》うも
「草津《くさつ》の赤鬼《あかおに》」さんの歌《うた》になり

☆世界№1の再生歌手の歌も、守護霊歌でやってみると、満足がいかない。

ごめんなさい。何歳になっても天才にはなれませんな。

2023・1・13

⑮⑧

「コロナウィルス撃退曲《げきたいきょく》」で　菌《きん》が逃《に》げていくのを確認《かくにん》す

☆医学的には完治していても、私のような霊能者はウィルスの存在を感知する。「撃退曲」を久しぶりにかけると、一〜二時間で逃げて行った。(某職員《ぼうしょくいん》の件)

2023・1・14

⑯159

『ロミオとジュリエット』を静《しず》かに読《よ》む　無音《むおん》の中《なか》の永遠《えいえん》

☆新年からシェークスピアを読み返している。現代音楽を切った無音《むおん》の中で、一字一句読むのもまた愉《たの》しからずや。

2023・1・14

⑯⑩

シェークスピアにして三十七冊《さんじゅうななさつ》　本《ほん》を書《か》き過《す》ぎて　我後悔《われこうかい》す

☆書けば書くほど売上目標が下方修正される。ああ、一冊だけの本が書きたい。

2023・1・14

⑯1

「ジュリエットは何《なん》のために生《う》まれたか」と父《ちち》に言《い》わせしシェークスピア
吾《われ》　月刊誌《げっかんし》で　長男名誉訴訟四連敗《ちょうなんめいよそしょうよんれんぱい》なるを知《し》る

☆守られるべき名誉は何から生まれたのか。「反省」「感謝」を知らずして、六歳で教学《きょうがく》は終わったと豪語するニセ天才の約三十四年は長かった。

2023・1・14

⑯②

水《みず》ゆるむも　緋鯉《ひごい》　子鯉《こごい》に声《こえ》かけず

☆一月に十六度は珍しいが、これから梅の花が咲く前の偽の暖かさだ。親鯉は、ただ冬眠する。

2023・1・14

⑯③

「過剰《かじょう》なるを排《はい》す」今日《きょう》の教訓《きょうくん》なり

2023・1・14

⑯④

印税等七億数千万寄附《いんぜいとうななおくすうせんまんきふ》する　日本一《にほんいち》バカな教祖《きょうそ》は私《わたし》なり

☆何に使われるかは定《さだ》かならず。十億円を超えた年もあった。

２０２３・１・14

⑯⑤

新春《しんしゅん》に　蓮《はす》の華《はな》咲《さ》く　夢《ゆめ》を買《か》う

☆妻にロータス（蓮の華）の三点セット買う。
その分、君は働いたよ。

２０２３・１・15

⑯⑥

常《つね》に　信者層《しんじゃそう》を突《つ》き抜《ぬ》ける作品《さくひん》を　考《かんが》え続《つづ》ける

☆今年も、新しい信者に出会いたい。

2023・1・15

⑯⑦

満九十歳《まんきゅうじゅっさい》　母《はは》の文旦《ぶんたん》　特《とく》に甘《あま》し

☆毎年徳島から送ってくれる、大きなグレープフルーツのようなもの。いつもより甘い。

2023・1・15

⑱

日本銀行《にほんぎんこう》と大日銀行競争《だいにちぎんこうきょうそう》の夢《ゆめ》　経済大混乱《けいざいだいこんらん》す

☆一晩中、二大国立銀行の夢をみる。下位の銀行は公定歩合や、融資量、為替《かわせ》介入などで大混乱する。

２０２３・１・16

⑯⑨

いまだに「武士道《ぶしどう》」を語《かた》ること　切《せつ》なし

☆もう三年近く、決着せず。「フェイクを排《はい》す」と強調する。
見た目ではなく、精神論を伝えることはいかに難しいか。
（映画『愛国女子』に関連して）

2023・1・16

⑰⓪

減量《げんりょう》しつつ　仕事《しごと》することの難《むずか》しさ　パン屋《や》一《ひと》つ　つぶれるを知《し》る

☆政府の発表とは違って、街では、老舗《しにせ》が次々とつぶれていく。コロナ太りを克服しつつ、仕事をすすめることの難しさよ。

2023・1・17

⑰1

落《お》ち葉《ば》の山《やま》を作《つく》る人《ひと》　そのまた山《やま》を袋《ふくろ》につめる人《ひと》
分業《ぶんぎょう》はここにもあり

☆ホテルの近くで見た光景。不思議だった。

2023・1・17

⑰②

宗教家《しゅうきょうか》は地味《じみ》な仕事《しごと》なのに　目立《めだ》ちたがり屋《や》ばかり
集《あつ》まってくる

☆なんでそんなに芸能系から出たがるのかね。わからない。

2023・1・18

⑰③

『病《やまい》の時《とき》に読《よ》む言葉《ことば》』を講義《こうぎ》する　ニーズ多《おお》くして言葉《ことば》届《とど》かず

☆たくさんニーズはあるのに言葉届かず。しかし、本部は少し本を売り、聴聞者を増やそうと努力を始めた。

２０２３・１・21

⑰④

双子《ふたご》のパンダのブローチ買《か》ってよかったかモメる
僕《ぼく》は良《よ》かったと思《おも》うが

☆説法に合ったワンポイントのアクセサリー、少しは役立っているか。二年前に作ったブレザー（青色）が合って喜ぶ秘書たち。今年一キロ減量成功したため。

2023・1・21

⑰⑤

久方《ひさかた》ぶりの散歩《さんぽ》　カフェオレで　大寒波《だいかんぱ》に備《そな》える

☆前は紅茶だった。ダウンコートがパンダみたいで重い。

２０２３・１・23

⑰⑥

高三《こうさん》の詩《し》「君《きみ》の名《な》も知《し》らず…」歌上《うたあ》がるも見送《みおく》りたり

☆十八歳の夏の詩がCDになるのはうれしかったが、永遠観、透明感にもう一つ、何かが欲しかった。

2023・1・24

⑰

わが説法前《せっぽうまえ》に　イエス　森《もり》の二階建《にかいだ》て教会《きょうかい》で　聴衆《ちょうしゅう》に
暗殺《あんさつ》される夢《ゆめ》　悪魔《あくま》の悪《わる》さ　ここに極《きわ》まれり

☆今日『地獄《じごく》に堕《お》ちないための言葉《ことば》』完成した。

2023・1・24

⑱

「おまえの妻《つま》は、子供《こども》たちは、不幸《ふこう》ではなかったか。」と
悪魔《あくま》笑《わら》いおり　十年《じゅうねん》ぶりの大寒波《だいかんぱ》来たる

☆よほど「地獄」の本を出してもらいたくなかったのだろう。

２０２３・１・24

⑰⑨

悪魔《あくま》　会社時代《かいしゃじだい》に　我《われ》を擁護《ようご》せし人《ひと》の　その後《ご》を見《み》せる

☆我にも罪ありと、夢の中で悪魔笑う。

2023・1・24

⑱⓪

令和《れいわ》の世《よ》に、鉛筆《えんぴつ》で小説《しょうせつ》を書《か》く私《わたし》　人指《ひとさし》ゆび少《すこ》し曲《ま》がる

☆笑われながらも、鉛筆と消しゴムで書き続ける。本は「打つ」ものではなく「書く」ものだから。

2023・1・25

⑱1

稲穂《いなほ》の波《なみ》の中《なか》　古代《こだい》の女神《めがみ》　何《なに》かを祓《はら》い続《つづ》ける

☆最初の夢。弥生《やよい》式の農家のような建物。五穀豊穣《ごこくほうじょう》と先祖供養。黄色い稲田の上を私の霊体が飛ぶ。

2023・1・25

⑱②

『地獄《じごく》シリーズ』嫌《いや》がる人多《ひとおお》し　東京《とうきょう》に初雪《はつゆき》の夜《よる》

☆『地獄に堕ちないための言葉』完成。そんなに恐ろしいかな。

2023・1・25

⑱③

妻《つま》のつく優《やさ》しい嘘《うそ》に騙《だま》されて　今日《きょう》も　歌《うた》を作《つく》る

☆音痴《おんち》の私が、四百五十曲以上の作詞・作曲をしている。本当に歌の判定などできているのやら。「嘘じゃないわよ。」と妻。

2023・1・25

⑱④

孫《まご》たちの謎《なぞ》の風《か》邪《ぜ》続《つづ》く　この教団《きょうだん》は重《おも》いな

☆発熱が先で、コロナはネガティブ。何日も経って、少しセキが出て来た。隆《りゅう》ちゃんの霊体が小さくなっていた。

２０２３・１・25

⑱⑤

君《きみ》との思《おも》い出偲《でしの》び　黄色《きいろ》きバラ　活《い》ける人《ひと》あり

☆なぜか「黄色のバラ」が多くなった。『遥かなる異邦人』『とっちめてやらなくちゃ』効果か。

２０２３・１・25

⑱⑥

広瀬《ひろせ》すずの連《れん》ドラ観《み》る　『十字架《じゅうじか》の女《おんな》』を読《よ》まれしか

☆田舎出の娘の役をやっている。港区女子になれるか。

2023・1・25

⑱7

絵心《えごころ》ある秘書《ひしょ》「Vaundy《バウンディ》」に似《に》た小鬼《こおに》の絵《え》　たくさん画《か》く

☆歌手「Vaundy」が可愛い鬼に似ている。節分近し。

2023・1・25

⑱8

『怪談《かいだん》』の竹中直人《たけなかなおと》の陰陽師《おんみょうじ》　なぜか『地獄和尚《じごくおしょう》』に似《に》たり

☆演技やらしてみたら、面白かろう。

２０２３・１・25

⑱⑨

疲《つか》れ　疲《つか》れ　疲《つか》れて　一月《いちがつ》の東京《とうきょう》の氷柱《つらら》　気《き》がつかず

☆年末から一月にかけてよく働いている。まるで蟻が砂糖つぶを運んでいるようだ。

２０２３・１・25

⑲⓪

タイムトラベルは本当《ほんとう》かと　妻《つま》の実家《じっか》の義母《はは》が聞《き》く　リバティも同《おな》じか

☆最高機密につき、明確にお答えできない。

2023・1・25

⑲1

関西校英語教師《かんさいこうえいごきょうし》　十八年後《じゅうはちねんご》　我《わ》が英語《えいご》の師《し》に学《まな》ぶを知《し》る

☆幸福の科学学園関西校英語強化教師、表三郎《おもてさぶろう》先生に大阪駿台で教わったとか。不思議な縁だ。

2023・1・25

⑲②

「姥捨《うばす》て山《やま》」の映画《えいが》観《み》る　六十歳《ろくじゅっさい》以上《いじょう》を山《やま》に捨《す》てたきは　今《いま》も同《おな》じか

☆息子、娘たちの気持と、財政赤字の政府の気持が一致するか。映画では、老人の知恵が役立つ話も盛られていた。

2023・1・26

⑲③

『ゴータマ』が「良《よ》き牛《うし》」と知《し》られ　牛《うし》のぬいぐるみ　集《あつ》まる

☆パンダ結界《けっかい》の次は牛結界《うしけっかい》か。私のスキヤキはうまいかな。

２０２３・１・26

⑲④

今年《ことし》は「地獄《じごく》」ばやりの初春《はつはる》なり

☆恐がられつつ、売れる。日本神道消滅の危機。

2023・1・27

⑲5

初雪《はつゆき》や　韓国《かんこく》チキンで　打《う》ち上《あ》げる

☆『地獄《じごく》に堕《お》ちないための言葉』発刊記念対談、紫央《しお》さんとする。

夜、「韓国チキン」で、二人の打ち上げはささやかに自室で。自宅に初雪。妻のスタイリストをやったのは総裁自身でした。

2023・1・27

⑲⑥

韓国連《かんこくれん》ドラ『愛《あい》の不時着《ふじちゃく》』再《ふたた》び観《み》る　世界一九〇国以上《せかいひゃくきゅうじっこくいじょう》に
配信《はいしん》されたとは

☆二、三年前に大人気のドラマ。私が北朝鮮という国はなくなると発言したので、もう一度観る。韓流《はんりゅう》ドラマは上《じょう》手《ず》だ。統一の日は近いか。

2023・1・27

⑲⑦

天狗《てんぐ》を折伏《しゃくぶく》する　智慧《ちえ》　悟《さと》らねばならぬ

☆天狗・妖怪・仙人、これらの世界を体系化できるか。難しい仕事になるだろう。

2023・1・27

⑲⑧

千変万化《せんぺんばんか》が妖怪《ようかい》の本質《ほんしつ》なりと　一言主神《ひとことぬしのかみ》のたまう

☆妖怪研究はくたびれる。

２０２３・１・28

⑲⑨

情《じょう》を断《た》て　冷《つめ》たくなれ　と空海《くうかい》

一月《いちがつ》の石仏《せきぶつ》　さらに冷《ひ》ゆる

☆小説『妖怪物語』を書いてほしくない、幹部や息子たち。『地獄の法』『小説 地獄和尚』もいやらしい。

２０２３・１・28

⑳

宗教者《しゅうきょうしゃ》の道《みち》の厳《きび》しさ　勉強《べんきょう》に終《お》わりはない

☆真理を求める道の厳しさ。宗教学者やジャーナリストを超えるのはあたり前だ。

２０２３・１・28

⑳①

多《た》様《よう》な意《い》見《けん》に　黒《こく》白《びゃく》を判《はん》定《てい》する　降《ふ》っても照《て》っても

☆これだけ新しい商品やアイデアが吹き出してくる中で、黒白を判定せねば、地獄界は線引きできない。

2023・1・28

202

エベレスト登《のぼ》り続《つづ》けて六十六年《ろくじゅうろくねん》　雪《ゆき》の頂《いただ》き未《いま》だ届《とど》かず

☆まだまだ遠いなあ。

2023・1・29

⑳③

良《よ》き友《とも》の　夢《ゆめ》の階《きざはし》登《のぼ》り来《く》る　二十代《にじゅうだい》の姿《すがた》　哀《かな》しきかな

☆学生時代の友人たち、夢によく登場する。本の話をしたいのだ。

2023・1・29

⑳④

鏡《かがみ》の法《ほう》　左右非対称《さゆうひたいしょう》を発見《はっけん》　パンダあきらめ　冬眠《とうみん》へ

☆意味深《いみしん》につき解説《かいせつ》せず。

2023・1・29

⑳⑤

雪明《ゆきあ》けの東京《とうきょう》の空《そら》　ブルー一色《いっしょく》　雲《くも》もなし

☆呪いはまだ終わらないが。人の心もさわやかでありたい。

2023・1・29

⑳⑥

イタリア語《ご》の「エル・カンターレ」は「神《かみ》は詩《うた》う」に他《ほか》ならず

☆ただの歌謡曲《かようきょく》ではあるまい。だから「歌う」と私は書かない。

２０２３・１・29

あとがき

「エル・カンターレ」とは、「イタリア語」で「神《かみ》は詩《うた》う」にあたると、美しいエンディングで結《むす》んだ短詩型の自由律詩集である。新しいジャンルで、ツイッターに代わるような、古典的香りのある詩《し》篇《へん》になっていると思いたい。舞台裏を知る面白さは、幸福の科学の歴史に一つの光明を投げかけることになろう。

詩人としての一つの試みでもある。

二〇二三年　一月三十日

幸福《こうふく》の科学《かがく》グループ創始者兼総裁《そうししゃけんそうさい》　大川隆法《おおかわりゅうほう》

「短詩型・格はいく集③『神は詩う』」関連書籍

『地獄の法』（大川隆法 著　幸福の科学出版刊）
「短詩型・格はいく集①『魔境の中の光』」（同右）
「短詩型・格はいく集②『一念三千書を超える』」（同右）
『小説　十字架の女③〈宇宙編〉』（同右）
『小説　地球万華鏡』（同右）
『小説　永遠の京都』（同右）
『小説　内面への道』（同右）
『小説　遥かなる異邦人』（同右）
『小説　とっちめてやらなくちゃ』（同右）
『小説　揺らぎ』（同右）
『小説　地獄和尚』（同右）
『人生への言葉』（同右）
『病の時に読む言葉』（同右）
『地獄に堕ちないための言葉』（同右）

短詩型《たんしけい》・格《かく》はいく集《しゅう》③『神《かみ》は詩《うた》う』

2023年2月16日　初版第1刷

著　者　大《おお》川《かわ》隆《りゅう》法《ほう》

発行所　幸福の科学出版株式会社

〒107-0052 東京都港区赤坂2丁目10番8号
TEL(03)5573-7700
https://www.irhpress.co.jp/

印刷・製本　株式会社 研文社

落丁・乱丁本はおとりかえいたします

ISBN978-4-8233-0413-2 C0092

大川隆法の俳句・短歌に出合う

思いを言い切る「格はいく」

五・七・五の定型にこだわらない、思いを言い切る「格はいく」です。街角の風景、世界情勢、生霊や悪魔との対決まで――。日々の出来事に隠された驚くべき「霊的秘密」、そして著者の「本心」が、はいくのかたちで綴られます。

短詩型・格はいく集①
『魔境《まきょう》の中の光』☆

短詩型・格はいく集②
『一念三千書《いちねんさんぜんしょ》を超える』☆

青春の日の心情を紡ぐ

大川隆法 俳句・短歌 習作ノート

日常の風景、季節の風情、家族や愛する人への想い、未来への旅路……。大学3～4年のころの「青春の日の主の心境」が明らかにされた俳句・短歌集です。

★

☆…幸福の科学出版刊　★…宗教法人幸福の科学刊（会内経典）
★の詳細は、最寄りの幸福の科学の精舎・支部・拠点までお問い合わせください。

大川隆法ベストセラーズ・大川隆法の人生観

自分を鍛える道

沈黙の声を聞き、本物の智慧を得る

成功を持続させる極意がここに。本書の題名どおり、「自分を鍛える道」そのものの人生を生きてきた著者が明かす、「知的生産」の源泉と「創造」の秘密。

1,760円

自助論の精神

「努力即幸福」の境地を目指して

運命に力強く立ち向かい、「努力即幸福」の境地へ──。嫉妬心や劣等感の克服、成功するメカニカルな働き方等、実践に基づいた珠玉の人生訓を語る。

1,760円

私の人生論

「平凡からの出発」の精神

「努力に勝る天才なしの精神」「信用の獲得法」など、著者の実践に裏打ちされた「人生哲学」を語る。人生を長く輝かせ続ける秘密が明かされる。

1,760円

原説・『愛の発展段階説』

若き日の愛の哲学

著者が宗教家として立つ前、商社勤めをしながら書きためていた論考を初の書籍化。思想の出発点である「若き日の愛の哲学」が説かれた宝物のような一冊。

1,980円

※表示価格は税込10%です。

大川隆法ベストセラーズ・小説　鏡川竜二シリーズ

田舎の普通の少年「鏡川竜二《かがみかわりゅうじ》」が成長していく「心の軌跡」を描いた書き下ろし小説。「努力」の言葉を胸に、自分自身を成長させていく幼少期から小学生時代。心の奥底に「大志」を秘めて、青年へと脱皮していく中高時代。大学受験の試練に苦悩しつつも天命に向けて歩みを進めていく、古都京都での日々。心の内面を深め、大志に向けて思想を練っていく東大教養学部時代。そして、専門学部への進学から霊的覚醒へ――。さらに外伝では、竜二を励まし続けた謎の美女の秘密が明かされています。

小説　竹の子の時代

小説　若竹の時代

小説　永遠の京都

小説　内面への道

小説　遥かなる異邦人

シリーズ外伝

小説　とっちめてやらなくちゃ

各1,540円

幸福の科学出版

El Cantare 大川隆法 Original Songs

大川隆法の楽曲に触れる

THE THUNDER《ザ・サンダー》
—コロナウィルス撃退曲—

CD

作曲 大川隆法
発売 幸福の科学出版

1,100円

中国発・新型コロナウィルスを打ち祓う「電撃一閃」サウンド！ 天上界から降ろされた勇壮な楽曲。

12月のカブトムシ「ジョン」

CD

作詞・作曲 大川隆法
発売 幸福の科学出版

1,650円

早世と長生き、それぞれの視点で歌う人生訓。12月まで生きたカブトムシ「ジョン」をテーマにつくられた2曲。

十年目の君・十年目の恋

CD

作詞・作曲 大川隆法
発売 幸福の科学出版

1,320円

十年間の想いを、この歌に乗せて——。年々輝きを増す「君」への深い愛が歌われた、透明な美しさに満ちた楽曲。

『青春詩集 愛のあとさき』アルバムCD—第4集「愛の星」—

CD

作詞・作曲 大川隆法
制作 幸福の科学

5,000円

『青春詩集 愛のあとさき』より11の詩篇が楽曲化。大悟後の深まる愛の思想に触れられる奇跡の一枚。

※店舗等では取り扱っておりません。最寄りの幸福の科学の精舎・支部・拠点までお問い合わせください。

※表示価格は税込10%です。

幸福の科学グループのご案内

宗教、教育、政治、出版などの活動を通じて、地球的ユートピアの実現を目指しています。

幸福の科学

一九八六年に立宗。信仰の対象は、地球系霊団の最高大霊、主エル・カンターレ。世界百六十八カ国以上の国々に信者を持ち、全人類救済という尊い使命のもと、信者は、「愛」と「悟り」と「ユートピア建設」の教えの実践、伝道に励んでいます。

（二〇二三年二月現在）

愛

幸福の科学の「愛」とは、与える愛です。これは、仏教の慈悲《じひ》や布施《ふせ》の精神と同じことです。信者は、仏法真理をお伝えすることを通して、多くの方に幸福な人生を送っていただくための活動に励んでいます。

悟り

「悟り」とは、自らが仏の子であることを知るということです。教学《きょうがく》や精神統一によって心を磨き、智慧《ちえ》を得て悩みを解決すると共に、天使・菩薩《ぼさつ》の境地を目指し、より多くの人を救える力を身につけていきます。

ユートピア建設

私たち人間は、地上に理想世界を建設するという尊い使命を持って生まれてきています。社会の悪を押しとどめ、善を推し進めるために、信者はさまざまな活動に積極的に参加しています。

国内外の世界で貧困や災害、心の病で苦しんでいる人々に対しては、現地メンバーや支援団体と連携して、物心両面にわたり、あらゆる手段で手を差し伸べています。

年間約２万人の自殺者を減らすため、全国各地で街頭キャンペーンを展開しています。

公式サイト **www.withyou-hs.net**

自殺防止相談窓口

受付時間　火～土:10～18時（祝日を含む）

TEL **03-5573-7707**　メール **withyou-hs@happy-science.org**

ヘレン・ケラーを理想として活動する、ハンディキャップを持つ方とボランティアの会です。視聴覚障害者、肢体不自由な方々に仏法真理を学んでいただくための、さまざまなサポートをしています。

公式サイト **www.helen-hs.net**

入会のご案内

幸福の科学では、大川隆法総裁が説く仏法真理《ぶっぽうしんり》をもとに、「どうすれば幸福になれるのか、また、他の人を幸福にできるのか」を学び、実践しています。

入会

仏法真理を学んでみたい方へ

大川隆法総裁の教えを信じ、学ぼうとする方なら、どなたでも入会できます。入会された方には、『入会版「正心法語《しょうしんほうご》」』が授与されます。

入会ご希望の方はネットからも入会申し込みができます。

happy-science.jp/joinus

三帰《さんき》誓願《せいがん》

信仰をさらに深めたい方へ

仏弟子としてさらに信仰を深めたい方は、仏《ぶっ》・法《ぽう》・僧《そう》の三宝《さんぽう》への帰依を誓う「三帰誓願式」を受けることができます。三帰誓願者には、『仏説・正心法語』『祈願文《きがんもん》①』『祈願文②』『エル・カンターレへの祈り』が授与されます。

幸福の科学 サービスセンター
TEL 03-5793-1727
（受付時間/ 火～金:10～20時 土・日祝:10～18時 （月曜を除く））

幸福の科学 公式サイト
happy-science.jp

ハッピー・サイエンス・ユニバーシティ

Happy Science University

ハッピー・サイエンス・ユニバーシティとは

ハッピー・サイエンス・ユニバーシティ（HSU）は、大川隆法総裁が設立された「現代の松下村塾」であり、「日本発の本格私学」です。
建学の精神として「幸福の探究と新文明の創造」を掲げ、チャレンジ精神にあふれ、新時代を切り拓く人材の輩出を目指します。

人間幸福学部　経営成功学部　未来産業学部

HSU長生キャンパス TEL **0475-32-7770**
〒299-4325　千葉県長生郡長生村一松丙 4427-1

未来創造学部

HSU未来創造・東京キャンパス
TEL **03-3699-7707**
〒136-0076　東京都江東区南砂2-6-5　公式サイト **happy-science.university**

学校法人 幸福の科学学園

学校法人 幸福の科学学園は、幸福の科学の教育理念のもとにつくられた教育機関です。人間にとって最も大切な宗教教育の導入を通じて精神性を高めながら、ユートピア建設に貢献する人材輩出を目指しています。

幸福の科学学園
中学校・高等学校（那須本校）
2010年4月開校・栃木県那須郡（男女共学・全寮制）
TEL **0287-75-7777** 公式サイト **happy-science.ac.jp**

関西中学校・高等学校（関西校）
2013年4月開校・滋賀県大津市（男女共学・寮及び通学）
TEL **077-573-7774** 公式サイト **kansai.happy-science.ac.jp**

教育事業 幸福の科学グループ

仏法真理塾「サクセスNo.1」

全国に本校・拠点・支部校を展開する、幸福の科学による信仰教育の機関です。小学生・中学生・高校生を対象に、信仰教育・徳育にウエイトを置きつつ、将来、社会人として活躍するための学力養成にも力を注いでいます。

TEL 03-5750-0751（東京本校）

エンゼルプランV

東京本校を中心に、全国に支部教室を展開。信仰をもとに幼児の心を豊かに育む情操教育を行い、子どもの個性を伸ばして天使に育てます。

TEL 03-5750-0757（東京本校）

エンゼル精舎

乳幼児が対象の、託児型の宗教教育施設。エル・カンターレ信仰をもとに、「皆、光の子だと信じられる子」を育みます。

（※参拝施設ではありません）

不登校児支援スクール「ネバー・マインド」

TEL 03-5750-1741

心の面からのアプローチを重視して、不登校の子供たちを支援しています。

ユー・アー・エンゼル！（あなたは天使！）運動

障害児の不安や悩みに取り組み、ご両親を励まし、勇気づける、障害児支援のボランティア運動を展開しています。

一般社団法人 ユー・アー・エン

TEL 03-6426-7797

NPO活動支援

学校からのいじめ追放を目指し、さまざまな社会提言をしています。また、各地でのシンポジウムや学校への啓発ポスター掲示等に取り組む一般財団法人「いじめから子供を守ろうネットワーク」を支援しています。

公式サイト mamoro.org　ブログ blog.mamoro.org

相談窓口 TEL.03-5544-8989

百歳まで生きる会～いくつになっても生涯現役～

「百歳まで生きる会」は、生涯現役人生を掲げ、友達づくり、生きがいづくりを通じ、一人ひとりの幸福と、世界のユートピア化のために、全国各地で友達の輪を広げ、地域や社会に幸福を広げていく活動を続けているシニア層（55歳以上）の集まりです。

【サービスセンター】TEL 03-5793-1727

シニア・プラン21

「生涯現役人生」を目指すための「百歳まで生きる会」の研修部門として、活動しています。心を見つめ、新しき人生の再出発、社会貢献を目指しています。

【サービスセンター】TEL 03-5793-1727

幸福実現党

幸福実現党 釈量子サイト
shaku-ryoko.net
Twitter **釈量子@shakuryoko**で検索

内憂外患《ないゆうがいかん》の国難に立ち向かうべく、2009年5月に幸福実現党を立党しました。創立者である大川隆法党総裁の精神的指導のもと、宗教だけでは解決できない問題に取り組み、幸福を具体化するための力になっています。

幸福実現党 党員募集中

あなたも幸福を実現する政治に参画しませんか。

＊申込書は、下記、幸福実現党公式サイトでダウンロードできます。
住所：〒107-0052　東京都港区赤坂2-10-8 6階 幸福実現党本部
TEL **03-6441-0754**　FAX **03-6441-0764**
公式サイト **hr-party.jp**

HS政経塾

大川隆法総裁によって創設された、「未来の日本を背負う、政界・財界で活躍するエリート養成のための社会人教育機関」です。既成の学問を超えた仏法真理を学ぶ「人生の大学院」として、理想国家建設に貢献する人材を輩出するために、2010年に開塾しました。現在、多数の市議会議員が全国各地で活躍しています。

TEL **03-6277-6029**
公式サイト **hs-seikei.happy-science.jp**

大川隆法　講演会のご案内

大川隆法総裁の講演会が全国各地で開催されています。講演のなかでは、毎回、「世界教師」としての立場から、幸福な人生を生きるための心の教えをはじめ、世界各地で起きている宗教対立、紛争、国際政治や経済といった時事問題に対する指針など、日本と世界がさらなる繁栄の未来を実現するための道筋が示されています。

2年7月7日 さいたまスーパーアリーナ
い人生観の打破」

2019年7月5日 福岡国際センター
「人生に自信を持て」

2019年10月6日 ザ ウェスティン ハーバーキャッスル トロント（カナダ）
「The Reason We Are Here」

2011年3月6日 カラチャクラ広場（インド）
「The Real Buddha and New Hope」

2019年3月3日 グランド ハイアット 台北（台湾）
「愛は憎しみを超えて」

講演会には、どなたでもご参加いただけます。
最新の講演会の開催情報はこちらへ。⟹

大川隆法総裁公式サイト
https://ryuho-okawa.org